Bicycle Log Journal

INFORMATIONS

NAME

ADDRESS

E-MAIL ADDRESS

WEBSITE

PHONE   **FAX**

EMERGENCY CONTACT PERSON

PHONE   **FAX**

Bicycle Log Journal

Date __ / __ / 20__   SU MO TU WE TH FR SA

START TIME	END TIME	DISTANCE	WEATHER

BIKE TYPE	MAX SPEED	AVG. SPEED	INTENSITY

ROUTE

TYPE OF RIDE
- ☐ LIGHT
- ☐ MODERATE
- ☐ STRENOUS

BIKE ACCESSORIES

NOTES

Bicycle Log Journal

Date __ / __ / 20__   SU MO TU WE TH FR SA

START TIME	END TIME	DISTANCE	WEATHER

BIKE TYPE	MAX SPEED	AVG. SPEED	INTENSITY

ROUTE
....
....

TYPE OF RIDE
☐ LIGHT   ☐ MODERATE
   ☐ STRENOUS

BIKE ACCESSORIES

NOTES
....
....
....
....
....

Bicycle Log Journal

Date __ / __ / 20__   SU MO TU WE TH FR SA

START TIME	END TIME	DISTANCE	WEATHER

BIKE TYPE	MAX SPEED	AVG. SPEED	INTENSITY

ROUTE

TYPE OF RIDE
- ☐ LIGHT ☐ MODERATE
- ☐ STRENOUS

BIKE ACCESSORIES

NOTES

Bicycle Log Journal

Date __ / __ / 20__   SU MO TU WE TH FR SA

START TIME	END TIME	DISTANCE	WEATHER

BIKE TYPE	MAX SPEED	AVG. SPEED	INTENSITY

ROUTE

....
....

TYPE OF RIDE

☐ LIGHT   ☐ MODERATE   ☐ STRENUOUS

BIKE ACCESSORIES

NOTES

....
....
....
....
....

Bicycle Log Journal

Date __ / __ / 20__   SU MO TU WE TH FR SA

START TIME	END TIME	DISTANCE	WEATHER

BIKE TYPE	MAX SPEED	AVG. SPEED	INTENSITY

ROUTE

....
....

TYPE OF RIDE
- ☐ LIGHT
- ☐ MODERATE
- ☐ STRENOUS

BIKE ACCESSORIES

NOTES

....
....
....
....
....

Bicycle Log Journal

Date __ / __ / 20__   SU MO TU WE TH FR SA

START TIME	END TIME	DISTANCE	WEATHER

BIKE TYPE	MAX SPEED	AVG. SPEED	INTENSITY

ROUTE

TYPE OF RIDE
- ☐ LIGHT
- ☐ MODERATE
- ☐ STRENOUS

BIKE ACCESSORIES

NOTES

Bicycle Log Journal

Date __ / __ / 20__   SU MO TU WE TH FR SA

START TIME	END TIME	DISTANCE	WEATHER

BIKE TYPE	MAX SPEED	AVG. SPEED	INTENSITY

ROUTE
....
....

TYPE OF RIDE
☐ LIGHT   ☐ MODERATE   ☐ STRENOUS

BIKE ACCESSORIES

NOTES
....
....
....
....

Bicycle Log Journal

Date __ / __ / 20__   SU MO TU WE TH FR SA

START TIME	END TIME	DISTANCE	WEATHER

BIKE TYPE	MAX SPEED	AVG. SPEED	INTENSITY

ROUTE

....
....

TYPE OF RIDE

☐ LIGHT   ☐ MODERATE
☐ STRENUOUS

BIKE ACCESSORIES

NOTES

....
....
....
....
....

Bicycle Log Journal

Date __ / __ / 20__   SU MO TU WE TH FR SA

START TIME	END TIME	DISTANCE	WEATHER

BIKE TYPE	MAX SPEED	AVG. SPEED	INTENSITY

ROUTE

TYPE OF RIDE
☐ LIGHT ☐ MODERATE
☐ STRENOUS

BIKE ACCESSORIES

NOTES

Bicycle Log Journal

Date __ / __ / 20__   SU MO TU WE TH FR SA

START TIME	END TIME	DISTANCE	WEATHER

BIKE TYPE	MAX SPEED	AVG. SPEED	INTENSITY

ROUTE

....
....

TYPE OF RIDE

☐ LIGHT   ☐ MODERATE
☐ STRENOUS

BIKE ACCESSORIES

NOTES

....
....
....
....
....

Bicycle Log Journal

Date __ / __ / 20__   SU MO TU WE TH FR SA

START TIME	END TIME	DISTANCE	WEATHER

BIKE TYPE	MAX SPEED	AVG. SPEED	INTENSITY

ROUTE

....
....

TYPE OF RIDE
☐ LIGHT ☐ MODERATE ☐ STRENOUS

BIKE ACCESSORIES

NOTES

....
....
....
....
....

Bicycle Log Journal

Date __ / __ / 20__   SU MO TU WE TH FR SA

START TIME	END TIME	DISTANCE	WEATHER

BIKE TYPE	MAX SPEED	AVG. SPEED	INTENSITY

ROUTE

....
....

TYPE OF RIDE

☐ LIGHT   ☐ MODERATE
☐ STRENOUS

BIKE ACCESSORIES

NOTES

....
....
....
....
....

Bicycle Log Journal

Date __ / __ / 20__   SU MO TU WE TH FR SA

START TIME	END TIME	DISTANCE	WEATHER

BIKE TYPE	MAX SPEED	AVG. SPEED	INTENSITY

ROUTE

....
....

TYPE OF RIDE

☐ LIGHT   ☐ MODERATE
☐ STRENOUS

BIKE ACCESSORIES

NOTES

....
....
....
....
....

Bicycle Log Journal

Date __ / __ / 20__   SU MO TU WE TH FR SA

START TIME	END TIME	DISTANCE	WEATHER

BIKE TYPE	MAX SPEED	AVG. SPEED	INTENSITY

ROUTE

....
....

TYPE OF RIDE

- ☐ LIGHT
- ☐ MODERATE
- ☐ STRENOUS

BIKE ACCESSORIES

NOTES

....
....
....
....
....

Bicycle Log Journal

Date __ / __ / 20__   SU MO TU WE TH FR SA

START TIME	END TIME	DISTANCE	WEATHER

BIKE TYPE	MAX SPEED	AVG. SPEED	INTENSITY

ROUTE

....
....

TYPE OF RIDE
☐ LIGHT   ☐ MODERATE
☐ STRENOUS

BIKE ACCESSORIES

NOTES

....
....
....
....
....

Bicycle Log Journal

Date __ / __ / 20__   SU MO TU WE TH FR SA

START TIME	END TIME	DISTANCE	WEATHER

BIKE TYPE	MAX SPEED	AVG. SPEED	INTENSITY

ROUTE
....
....

TYPE OF RIDE
☐ LIGHT ☐ MODERATE
☐ STRENOUS

BIKE ACCESSORIES

NOTES
....
....
....
....
....

Bicycle Log Journal

Date __ / __ / 20__   SU MO TU WE TH FR SA

START TIME	END TIME	DISTANCE	WEATHER

BIKE TYPE	MAX SPEED	AVG. SPEED	INTENSITY

ROUTE

....
....

TYPE OF RIDE

- ☐ LIGHT   ☐ MODERATE
- ☐ STRENOUS

BIKE ACCESSORIES

NOTES

....
....
....
....

Bicycle Log Journal

Date __ / __ / 20__   SU MO TU WE TH FR SA

START TIME	END TIME	DISTANCE	WEATHER

BIKE TYPE	MAX SPEED	AVG. SPEED	INTENSITY

ROUTE

....
....

TYPE OF RIDE
☐ LIGHT   ☐ MODERATE   ☐ STRENOUS

BIKE ACCESSORIES

NOTES

Bicycle Log Journal

Date __ / __ / 20__   SU MO TU WE TH FR SA

START TIME	END TIME	DISTANCE	WEATHER

BIKE TYPE	MAX SPEED	AVG. SPEED	INTENSITY

ROUTE

....
....

TYPE OF RIDE

☐ LIGHT   ☐ MODERATE   ☐ STRENOUS

BIKE ACCESSORIES

NOTES

....
....
....
....
....

Bicycle Log Journal

Date __ / __ / 20__   SU MO TU WE TH FR SA

START TIME	END TIME	DISTANCE	WEATHER

BIKE TYPE	MAX SPEED	AVG. SPEED	INTENSITY

ROUTE

....
....

TYPE OF RIDE

☐ LIGHT   ☐ MODERATE
    ☐ STRENOUS

BIKE ACCESSORIES

NOTES

....
....
....
....
....

Bicycle Log Journal

Date __ / __ / 20__   SU MO TU WE TH FR SA

START TIME	END TIME	DISTANCE	WEATHER

BIKE TYPE	MAX SPEED	AVG. SPEED	INTENSITY

ROUTE

....
....

TYPE OF RIDE

☐ LIGHT   ☐ MODERATE   ☐ STRENOUS

BIKE ACCESSORIES

NOTES

....
....
....
....
....

Bicycle Log Journal

Date __ / __ / 20__   SU MO TU WE TH FR SA

START TIME	END TIME	DISTANCE	WEATHER

BIKE TYPE	MAX SPEED	AVG. SPEED	INTENSITY

ROUTE
....
....

TYPE OF RIDE
☐ LIGHT   ☐ MODERATE
☐ STRENOUS

BIKE ACCESSORIES

NOTES
....
....
....
....
....

Bicycle Log Journal

Date __ / __ / 20__   SU MO TU WE TH FR SA

START TIME	END TIME	DISTANCE	WEATHER

BIKE TYPE	MAX SPEED	AVG. SPEED	INTENSITY

ROUTE

....
....

TYPE OF RIDE

☐ LIGHT   ☐ MODERATE
   ☐ STRENOUS

BIKE ACCESSORIES

NOTES

....
....
....
....
....

Bicycle Log Journal

Date __ / __ / 20__   SU MO TU WE TH FR SA

START TIME	END TIME	DISTANCE	WEATHER

BIKE TYPE	MAX SPEED	AVG. SPEED	INTENSITY

ROUTE

TYPE OF RIDE
- ☐ LIGHT ☐ MODERATE
- ☐ STRENOUS

BIKE ACCESSORIES

NOTES

Bicycle Log Journal

Date __ / __ / 20__   SU MO TU WE TH FR SA

START TIME	END TIME	DISTANCE	WEATHER

BIKE TYPE	MAX SPEED	AVG. SPEED	INTENSITY

ROUTE

TYPE OF RIDE
- ☐ LIGHT
- ☐ MODERATE
- ☐ STRENOUS

BIKE ACCESSORIES

NOTES

Bicycle Log Journal

Date __ / __ / 20__   SU MO TU WE TH FR SA

START TIME	END TIME	DISTANCE	WEATHER

BIKE TYPE	MAX SPEED	AVG. SPEED	INTENSITY

ROUTE

TYPE OF RIDE
- ☐ LIGHT
- ☐ MODERATE
- ☐ STRENOUS

BIKE ACCESSORIES

NOTES

Bicycle Log Journal

Date __ / __ / 20__   SU MO TU WE TH FR SA

START TIME	END TIME	DISTANCE	WEATHER

BIKE TYPE	MAX SPEED	AVG. SPEED	INTENSITY

ROUTE

....
....

TYPE OF RIDE

☐ LIGHT   ☐ MODERATE
☐ STRENOUS

BIKE ACCESSORIES

NOTES

....
....
....
....

Bicycle Log Journal

Date __ / __ / 20__   SU MO TU WE TH FR SA

START TIME	END TIME	DISTANCE	WEATHER

BIKE TYPE	MAX SPEED	AVG. SPEED	INTENSITY

ROUTE

....
....

TYPE OF RIDE

☐ LIGHT ☐ MODERATE
☐ STRENOUS

BIKE ACCESSORIES

NOTES

....
....
....
....
....

Bicycle Log Journal

Date __ / __ / 20__   SU MO TU WE TH FR SA

START TIME	END TIME	DISTANCE	WEATHER

BIKE TYPE	MAX SPEED	AVG. SPEED	INTENSITY

ROUTE

TYPE OF RIDE
☐ LIGHT   ☐ MODERATE
☐ STRENOUS

BIKE ACCESSORIES

NOTES

Bicycle Log Journal

Date __ / __ / 20__   SU MO TU WE TH FR SA

START TIME	END TIME	DISTANCE	WEATHER

BIKE TYPE	MAX SPEED	AVG. SPEED	INTENSITY

ROUTE

....
....

TYPE OF RIDE

☐ LIGHT   ☐ MODERATE
☐ STRENOUS

BIKE ACCESSORIES

NOTES

....
....
....
....
....

Bicycle Log Journal

Date __ / __ / 20__   SU MO TU WE TH FR SA

START TIME	END TIME	DISTANCE	WEATHER

BIKE TYPE	MAX SPEED	AVG. SPEED	INTENSITY

ROUTE

....
....

TYPE OF RIDE

☐ LIGHT   ☐ MODERATE   ☐ STRENOUS

BIKE ACCESSORIES

NOTES

....
....
....
....
....

Bicycle Log Journal

Date __ / __ / 20__   SU MO TU WE TH FR SA

START TIME	END TIME	DISTANCE	WEATHER

BIKE TYPE	MAX SPEED	AVG. SPEED	INTENSITY

ROUTE

....
....

TYPE OF RIDE

☐ LIGHT   ☐ MODERATE
☐ STRENOUS

BIKE ACCESSORIES

NOTES

....
....
....
....
....

Bicycle Log Journal

Date __ / __ / 20__   SU MO TU WE TH FR SA

START TIME	END TIME	DISTANCE	WEATHER

BIKE TYPE	MAX SPEED	AVG. SPEED	INTENSITY

ROUTE

TYPE OF RIDE
- ☐ LIGHT ☐ MODERATE
- ☐ STRENOUS

BIKE ACCESSORIES

NOTES

Bicycle Log Journal

Date __ / __ / 20__   SU MO TU WE TH FR SA

START TIME	END TIME	DISTANCE	WEATHER

BIKE TYPE	MAX SPEED	AVG. SPEED	INTENSITY

ROUTE

....
....

TYPE OF RIDE
☐ LIGHT   ☐ MODERATE
☐ STRENOUS

BIKE ACCESSORIES

NOTES

....
....
....
....
....

Bicycle Log Journal

Date __ / __ / 20__   SU MO TU WE TH FR SA

START TIME	END TIME	DISTANCE	WEATHER

BIKE TYPE	MAX SPEED	AVG. SPEED	INTENSITY

ROUTE
....
....

TYPE OF RIDE
☐ LIGHT   ☐ MODERATE
☐ STRENOUS

BIKE ACCESSORIES

NOTES
....
....
....
....

Bicycle Log Journal

Date __ / __ / 20__   SU MO TU WE TH FR SA

START TIME	END TIME	DISTANCE	WEATHER

BIKE TYPE	MAX SPEED	AVG. SPEED	INTENSITY

ROUTE

....
....

TYPE OF RIDE
- ☐ LIGHT
- ☐ MODERATE
- ☐ STRENOUS

BIKE ACCESSORIES

NOTES

....
....
....
....
....

Bicycle Log Journal

Date __ / __ / 20__   SU MO TU WE TH FR SA

START TIME	END TIME	DISTANCE	WEATHER

BIKE TYPE	MAX SPEED	AVG. SPEED	INTENSITY

ROUTE

....
....

TYPE OF RIDE
☐ LIGHT   ☐ MODERATE
☐ STRENOUS

BIKE ACCESSORIES

NOTES

....
....
....
....
....

Bicycle Log Journal

Date __ / __ / 20__   SU MO TU WE TH FR SA

START TIME	END TIME	DISTANCE	WEATHER

BIKE TYPE	MAX SPEED	AVG. SPEED	INTENSITY

ROUTE

TYPE OF RIDE
- ☐ LIGHT
- ☐ MODERATE
- ☐ STRENUOUS

BIKE ACCESSORIES

NOTES

Bicycle Log Journal

Date __ / __ / 20__   SU MO TU WE TH FR SA

START TIME	END TIME	DISTANCE	WEATHER

BIKE TYPE	MAX SPEED	AVG. SPEED	INTENSITY

ROUTE

....
....

TYPE OF RIDE

☐ LIGHT   ☐ MODERATE
    ☐ STRENOUS

BIKE ACCESSORIES

NOTES

....
....
....
....
....

Bicycle Log Journal

Date __ / __ / 20__   SU MO TU WE TH FR SA

START TIME	END TIME	DISTANCE	WEATHER

BIKE TYPE	MAX SPEED	AVG. SPEED	INTENSITY

ROUTE

....
....

TYPE OF RIDE
- ☐ LIGHT   ☐ MODERATE
- ☐ STRENOUS

BIKE ACCESSORIES

NOTES

....
....
....
....
....

Bicycle Log Journal

Date __ / __ / 20__   SU MO TU WE TH FR SA

START TIME	END TIME	DISTANCE	WEATHER

BIKE TYPE	MAX SPEED	AVG. SPEED	INTENSITY

ROUTE

TYPE OF RIDE
- ☐ LIGHT ☐ MODERATE
- ☐ STRENOUS

BIKE ACCESSORIES

NOTES

Bicycle Log Journal

Date __ / __ / 20__   SU MO TU WE TH FR SA

START TIME	END TIME	DISTANCE	WEATHER

BIKE TYPE	MAX SPEED	AVG. SPEED	INTENSITY

ROUTE

....
....

TYPE OF RIDE
- ☐ LIGHT
- ☐ MODERATE
- ☐ STRENOUS

BIKE ACCESSORIES

NOTES
....
....
....
....
....

Bicycle Log Journal

Date __ / __ / 20__   SU MO TU WE TH FR SA

START TIME	END TIME	DISTANCE	WEATHER

BIKE TYPE	MAX SPEED	AVG. SPEED	INTENSITY

ROUTE

....
....

TYPE OF RIDE

☐ LIGHT   ☐ MODERATE   ☐ STRENOUS

BIKE ACCESSORIES

NOTES

....
....
....
....
....

Bicycle Log Journal

Date __ / __ / 20__   SU MO TU WE TH FR SA

START TIME	END TIME	DISTANCE	WEATHER

BIKE TYPE	MAX SPEED	AVG. SPEED	INTENSITY

ROUTE

....
....

TYPE OF RIDE

- ☐ LIGHT
- ☐ MODERATE
- ☐ STRENOUS

BIKE ACCESSORIES

NOTES

....
....
....
....
....

Bicycle Log Journal

Date __ / __ / 20__   SU MO TU WE TH FR SA

START TIME	END TIME	DISTANCE	WEATHER

BIKE TYPE	MAX SPEED	AVG. SPEED	INTENSITY

ROUTE
....
....

TYPE OF RIDE
- ☐ LIGHT ☐ MODERATE
- ☐ STRENOUS

BIKE ACCESSORIES

NOTES
....
....
....
....
....

Bicycle Log Journal

Date __ / __ / 20__   SU MO TU WE TH FR SA

START TIME	END TIME	DISTANCE	WEATHER

BIKE TYPE	MAX SPEED	AVG. SPEED	INTENSITY

ROUTE

....
....

TYPE OF RIDE

☐ LIGHT   ☐ MODERATE
☐ STRENOUS

BIKE ACCESSORIES

NOTES

....
....
....
....
....

Bicycle Log Journal

Date __ / __ / 20__   SU MO TU WE TH FR SA

START TIME	END TIME	DISTANCE	WEATHER

BIKE TYPE	MAX SPEED	AVG. SPEED	INTENSITY

ROUTE

....
....

TYPE OF RIDE

- ☐ LIGHT   ☐ MODERATE
- ☐ STRENOUS

BIKE ACCESSORIES

NOTES

....
....
....
....
....

Bicycle Log Journal

Date __ / __ / 20__   SU MO TU WE TH FR SA

START TIME	END TIME	DISTANCE	WEATHER

BIKE TYPE	MAX SPEED	AVG. SPEED	INTENSITY

ROUTE

....
....

TYPE OF RIDE
- ☐ LIGHT
- ☐ MODERATE
- ☐ STRENOUS

BIKE ACCESSORIES

NOTES

....
....
....
....
....

Bicycle Log Journal

Date __ / __ / 20__   SU MO TU WE TH FR SA

START TIME	END TIME	DISTANCE	WEATHER

BIKE TYPE	MAX SPEED	AVG. SPEED	INTENSITY

ROUTE

....
....

TYPE OF RIDE

- ☐ LIGHT
- ☐ MODERATE
- ☐ STRENOUS

BIKE ACCESSORIES

NOTES

....
....
....
....

Bicycle Log Journal

Date __ / __ / 20__   SU MO TU WE TH FR SA

START TIME	END TIME	DISTANCE	WEATHER

BIKE TYPE	MAX SPEED	AVG. SPEED	INTENSITY

ROUTE
....
....

TYPE OF RIDE
- ☐ LIGHT
- ☐ MODERATE
- ☐ STRENOUS

BIKE ACCESSORIES

NOTES
....
....
....
....
....

Bicycle Log Journal

Date __ / __ / 20__   SU MO TU WE TH FR SA

START TIME	END TIME	DISTANCE	WEATHER

BIKE TYPE	MAX SPEED	AVG. SPEED	INTENSITY

ROUTE

TYPE OF RIDE
☐ LIGHT ☐ MODERATE ☐ STRENOUS

BIKE ACCESSORIES

NOTES

Bicycle Log Journal

Date __ / __ / 20__   SU MO TU WE TH FR SA

START TIME	END TIME	DISTANCE	WEATHER

BIKE TYPE	MAX SPEED	AVG. SPEED	INTENSITY

ROUTE

....
....

TYPE OF RIDE

☐ LIGHT ☐ MODERATE
☐ STRENOUS

BIKE ACCESSORIES

NOTES

....
....
....
....
....

Bicycle Log Journal

Date __ / __ / 20__   SU MO TU WE TH FR SA

START TIME	END TIME	DISTANCE	WEATHER

BIKE TYPE	MAX SPEED	AVG. SPEED	INTENSITY

ROUTE

TYPE OF RIDE
- ☐ LIGHT
- ☐ MODERATE
- ☐ STRENOUS

BIKE ACCESSORIES

NOTES

Bicycle Log Journal

Date __ / __ / 20__   SU MO TU WE TH FR SA

START TIME	END TIME	DISTANCE	WEATHER

BIKE TYPE	MAX SPEED	AVG. SPEED	INTENSITY

ROUTE

....
....

TYPE OF RIDE

☐ LIGHT   ☐ MODERATE
   ☐ STRENOUS

BIKE ACCESSORIES

NOTES

....
....
....
....
....

Bicycle Log Journal

Date __ / __ / 20__   SU MO TU WE TH FR SA

START TIME	END TIME	DISTANCE	WEATHER

BIKE TYPE	MAX SPEED	AVG. SPEED	INTENSITY

ROUTE

....
....

TYPE OF RIDE

☐ LIGHT   ☐ MODERATE
☐ STRENOUS

BIKE ACCESSORIES

NOTES

....
....
....
....
....

Bicycle Log Journal

Date __ / __ / 20__   SU MO TU WE TH FR SA

START TIME	END TIME	DISTANCE	WEATHER

BIKE TYPE	MAX SPEED	AVG. SPEED	INTENSITY

ROUTE

....
....

TYPE OF RIDE
- ☐ LIGHT
- ☐ MODERATE
- ☐ STRENOUS

BIKE ACCESSORIES

NOTES

....
....
....
....
....

Bicycle Log Journal

Date __ / __ / 20__   SU MO TU WE TH FR SA

START TIME	END TIME	DISTANCE	WEATHER

BIKE TYPE	MAX SPEED	AVG. SPEED	INTENSITY

ROUTE

....
....

TYPE OF RIDE

☐ LIGHT ☐ MODERATE
☐ STRENOUS

BIKE ACCESSORIES

NOTES

....
....
....
....
....

Bicycle Log Journal

Date __ / __ / 20__   SU MO TU WE TH FR SA

START TIME	END TIME	DISTANCE	WEATHER

BIKE TYPE	MAX SPEED	AVG. SPEED	INTENSITY

ROUTE
....
....

TYPE OF RIDE
- ☐ LIGHT
- ☐ MODERATE
- ☐ STRENOUS

BIKE ACCESSORIES

NOTES
....
....
....
....
....

Bicycle Log Journal

Date __ / __ / 20__   SU MO TU WE TH FR SA

START TIME	END TIME	DISTANCE	WEATHER

BIKE TYPE	MAX SPEED	AVG. SPEED	INTENSITY

ROUTE

TYPE OF RIDE
- ☐ LIGHT ☐ MODERATE
- ☐ STRENOUS

BIKE ACCESSORIES

NOTES

Bicycle Log Journal

Date __ / __ / 20__   SU MO TU WE TH FR SA

START TIME	END TIME	DISTANCE	WEATHER

BIKE TYPE	MAX SPEED	AVG. SPEED	INTENSITY

ROUTE

....
....

TYPE OF RIDE
- ☐ LIGHT   ☐ MODERATE
- ☐ STRENOUS

BIKE ACCESSORIES

NOTES

....
....
....
....
....

Bicycle Log Journal

Date __ / __ / 20__   SU MO TU WE TH FR SA

START TIME	END TIME	DISTANCE	WEATHER

BIKE TYPE	MAX SPEED	AVG. SPEED	INTENSITY

ROUTE

....
....

TYPE OF RIDE

☐ LIGHT   ☐ MODERATE
☐ STRENOUS

BIKE ACCESSORIES

NOTES

....
....
....
....
....

Bicycle Log Journal

Date __ / __ / 20__   SU MO TU WE TH FR SA

START TIME	END TIME	DISTANCE	WEATHER

BIKE TYPE	MAX SPEED	AVG. SPEED	INTENSITY

ROUTE
....
....

TYPE OF RIDE
☐ LIGHT   ☐ MODERATE
☐ STRENOUS

BIKE ACCESSORIES

NOTES
....
....
....
....
....

Bicycle Log Journal

Date __ / __ / 20__   SU MO TU WE TH FR SA

START TIME	END TIME	DISTANCE	WEATHER

BIKE TYPE	MAX SPEED	AVG. SPEED	INTENSITY

ROUTE

....
....

TYPE OF RIDE

☐ LIGHT ☐ MODERATE
☐ STRENUOUS

BIKE ACCESSORIES

NOTES

....
....
....
....
....

Bicycle Log Journal

Date __ / __ / 20__   SU MO TU WE TH FR SA

START TIME	END TIME	DISTANCE	WEATHER

BIKE TYPE	MAX SPEED	AVG. SPEED	INTENSITY

ROUTE

....
....

TYPE OF RIDE

☐ LIGHT   ☐ MODERATE
   ☐ STRENOUS

BIKE ACCESSORIES

NOTES

....
....
....
....
....

Bicycle Log Journal

Date __ / __ / 20__   SU MO TU WE TH FR SA

START TIME	END TIME	DISTANCE	WEATHER

BIKE TYPE	MAX SPEED	AVG. SPEED	INTENSITY

ROUTE

TYPE OF RIDE
- ☐ LIGHT   ☐ MODERATE
- ☐ STRENOUS

BIKE ACCESSORIES

NOTES

Bicycle Log Journal

Date __ / __ / 20__   SU MO TU WE TH FR SA

START TIME	END TIME	DISTANCE	WEATHER

BIKE TYPE	MAX SPEED	AVG. SPEED	INTENSITY

ROUTE

....
....

TYPE OF RIDE

☐ LIGHT   ☐ MODERATE   ☐ STRENOUS

BIKE ACCESSORIES

NOTES

....
....
....
....
....

Bicycle Log Journal

Date __ / __ / 20__   SU MO TU WE TH FR SA

START TIME	END TIME	DISTANCE	WEATHER

BIKE TYPE	MAX SPEED	AVG. SPEED	INTENSITY

ROUTE

....
....

TYPE OF RIDE

☐ LIGHT ☐ MODERATE ☐ STRENOUS

BIKE ACCESSORIES

NOTES

....
....
....
....

Bicycle Log Journal

Date __ / __ / 20__   SU MO TU WE TH FR SA

START TIME	END TIME	DISTANCE	WEATHER

BIKE TYPE	MAX SPEED	AVG. SPEED	INTENSITY

ROUTE

TYPE OF RIDE
- ☐ LIGHT
- ☐ MODERATE
- ☐ STRENOUS

BIKE ACCESSORIES

NOTES

Bicycle Log Journal

Date __ / __ / 20__   SU MO TU WE TH FR SA

START TIME	END TIME	DISTANCE	WEATHER

BIKE TYPE	MAX SPEED	AVG. SPEED	INTENSITY

ROUTE

TYPE OF RIDE
- ☐ LIGHT
- ☐ MODERATE
- ☐ STRENOUS

BIKE ACCESSORIES

NOTES

Bicycle Log Journal

Date __ / __ / 20__   SU MO TU WE TH FR SA

START TIME	END TIME	DISTANCE	WEATHER

BIKE TYPE	MAX SPEED	AVG. SPEED	INTENSITY

ROUTE

....
....

TYPE OF RIDE

☐ LIGHT ☐ MODERATE
☐ STRENUOUS

BIKE ACCESSORIES

NOTES

....
....
....
....
....

Bicycle Log Journal

Date __ / __ / 20__   SU MO TU WE TH FR SA

START TIME	END TIME	DISTANCE	WEATHER

BIKE TYPE	MAX SPEED	AVG. SPEED	INTENSITY

ROUTE

....
....

TYPE OF RIDE
☐ LIGHT   ☐ MODERATE
☐ STRENOUS

BIKE ACCESSORIES

NOTES

....
....
....
....
....

Bicycle Log Journal

Date __ / __ / 20__   SU MO TU WE TH FR SA

START TIME	END TIME	DISTANCE	WEATHER

BIKE TYPE	MAX SPEED	AVG. SPEED	INTENSITY

ROUTE
....
....

TYPE OF RIDE
- ☐ LIGHT
- ☐ MODERATE
- ☐ STRENOUS

BIKE ACCESSORIES

NOTES
....
....
....
....
....

Bicycle Log Journal

Date __ / __ / 20__   SU MO TU WE TH FR SA

START TIME	END TIME	DISTANCE	WEATHER

BIKE TYPE	MAX SPEED	AVG. SPEED	INTENSITY

ROUTE

....
....

TYPE OF RIDE

☐ LIGHT   ☐ MODERATE
☐ STRENOUS

BIKE ACCESSORIES

NOTES

....
....
....
....

Bicycle Log Journal

Date __ / __ / 20__   SU MO TU WE TH FR SA

START TIME	END TIME	DISTANCE	WEATHER

BIKE TYPE	MAX SPEED	AVG. SPEED	INTENSITY

ROUTE

TYPE OF RIDE
- ☐ LIGHT
- ☐ MODERATE
- ☐ STRENOUS

BIKE ACCESSORIES

NOTES

Bicycle Log Journal

Date __ / __ / 20__   SU MO TU WE TH FR SA

START TIME	END TIME	DISTANCE	WEATHER

BIKE TYPE	MAX SPEED	AVG. SPEED	INTENSITY

ROUTE

TYPE OF RIDE
- ☐ LIGHT ☐ MODERATE
- ☐ STRENOUS

BIKE ACCESSORIES

NOTES

Bicycle Log Journal

Date __ / __ / 20__   SU MO TU WE TH FR SA

START TIME	END TIME	DISTANCE	WEATHER

BIKE TYPE	MAX SPEED	AVG. SPEED	INTENSITY

ROUTE

....
....

TYPE OF RIDE

☐ LIGHT   ☐ MODERATE
☐ STRENOUS

BIKE ACCESSORIES

NOTES

....
....
....
....
....

Bicycle Log Journal

Date __ / __ / 20__   SU MO TU WE TH FR SA

START TIME	END TIME	DISTANCE	WEATHER

BIKE TYPE	MAX SPEED	AVG. SPEED	INTENSITY

ROUTE

TYPE OF RIDE
- ☐ LIGHT ☐ MODERATE
- ☐ STRENOUS

BIKE ACCESSORIES

NOTES

Bicycle Log Journal

Date __ / __ / 20__   SU MO TU WE TH FR SA

START TIME	END TIME	DISTANCE	WEATHER

BIKE TYPE	MAX SPEED	AVG. SPEED	INTENSITY

ROUTE

....
....

TYPE OF RIDE

☐ LIGHT ☐ MODERATE
☐ STRENOUS

BIKE ACCESSORIES

NOTES

....
....
....
....
....

Bicycle Log Journal

Date __ / __ / 20__   SU MO TU WE TH FR SA

START TIME	END TIME	DISTANCE	WEATHER

BIKE TYPE	MAX SPEED	AVG. SPEED	INTENSITY

ROUTE

....
....

TYPE OF RIDE

☐ LIGHT ☐ MODERATE ☐ STRENOUS

BIKE ACCESSORIES

NOTES

....
....
....
....

Bicycle Log Journal

Date __ / __ / 20__   SU MO TU WE TH FR SA

START TIME	END TIME	DISTANCE	WEATHER

BIKE TYPE	MAX SPEED	AVG. SPEED	INTENSITY

ROUTE

....
....

TYPE OF RIDE
☐ LIGHT   ☐ MODERATE
☐ STRENOUS

BIKE ACCESSORIES

NOTES

....
....
....
....
....

Bicycle Log Journal

Date __ / __ / 20__   SU MO TU WE TH FR SA

START TIME	END TIME	DISTANCE	WEATHER

BIKE TYPE	MAX SPEED	AVG. SPEED	INTENSITY

ROUTE

TYPE OF RIDE
☐ LIGHT ☐ MODERATE ☐ STRENOUS

BIKE ACCESSORIES

NOTES

Bicycle Log Journal

Date __ / __ / 20__   SU MO TU WE TH FR SA

START TIME	END TIME	DISTANCE	WEATHER

BIKE TYPE	MAX SPEED	AVG. SPEED	INTENSITY

ROUTE
....
....

TYPE OF RIDE
☐ LIGHT   ☐ MODERATE
    ☐ STRENOUS

BIKE ACCESSORIES

NOTES
....
....
....
....
....

Bicycle Log Journal

Date __ / __ / 20__   SU MO TU WE TH FR SA

START TIME	END TIME	DISTANCE	WEATHER

BIKE TYPE	MAX SPEED	AVG. SPEED	INTENSITY

ROUTE

....
....

TYPE OF RIDE

☐ LIGHT ☐ MODERATE
☐ STRENOUS

BIKE ACCESSORIES

NOTES

....
....
....
....
....

Bicycle Log Journal

Date __ / __ / 20__   SU MO TU WE TH FR SA

START TIME	END TIME	DISTANCE	WEATHER

BIKE TYPE	MAX SPEED	AVG. SPEED	INTENSITY

ROUTE

....
....

TYPE OF RIDE
- ☐ LIGHT
- ☐ MODERATE
- ☐ STRENOUS

BIKE ACCESSORIES

NOTES

....
....
....
....
....

Bicycle Log Journal

Date __ / __ / 20__   SU MO TU WE TH FR SA

START TIME	END TIME	DISTANCE	WEATHER

BIKE TYPE	MAX SPEED	AVG. SPEED	INTENSITY

ROUTE

....
....

TYPE OF RIDE

- ☐ LIGHT
- ☐ MODERATE
- ☐ STRENOUS

BIKE ACCESSORIES

NOTES

....
....
....
....

Bicycle Log Journal

Date __ / __ / 20__   SU MO TU WE TH FR SA

START TIME	END TIME	DISTANCE	WEATHER

BIKE TYPE	MAX SPEED	AVG. SPEED	INTENSITY

ROUTE

....
....

TYPE OF RIDE

☐ LIGHT   ☐ MODERATE
   ☐ STRENOUS

BIKE ACCESSORIES

NOTES

....
....
....
....
....

Bicycle Log Journal

Date __ / __ / 20__   SU MO TU WE TH FR SA

START TIME	END TIME	DISTANCE	WEATHER

BIKE TYPE	MAX SPEED	AVG. SPEED	INTENSITY

ROUTE

TYPE OF RIDE
- ☐ LIGHT
- ☐ MODERATE
- ☐ STRENOUS

BIKE ACCESSORIES

NOTES

Bicycle Log Journal

Date __ / __ / 20__   SU MO TU WE TH FR SA

START TIME	END TIME	DISTANCE	WEATHER

BIKE TYPE	MAX SPEED	AVG. SPEED	INTENSITY

ROUTE

....
....

TYPE OF RIDE

☐ LIGHT   ☐ MODERATE
   ☐ STRENUOUS

BIKE ACCESSORIES

NOTES

....
....
....
....
....

Bicycle Log Journal

Date __ / __ / 20__   SU MO TU WE TH FR SA

START TIME	END TIME	DISTANCE	WEATHER

BIKE TYPE	MAX SPEED	AVG. SPEED	INTENSITY

ROUTE

....
....

TYPE OF RIDE

☐ LIGHT   ☐ MODERATE
☐ STRENOUS

BIKE ACCESSORIES

NOTES

....
....
....
....
....

Bicycle Log Journal

Date __ / __ / 20__   SU MO TU WE TH FR SA

START TIME	END TIME	DISTANCE	WEATHER

BIKE TYPE	MAX SPEED	AVG. SPEED	INTENSITY

ROUTE

....
....

TYPE OF RIDE

- ☐ LIGHT
- ☐ MODERATE
- ☐ STRENUOUS

BIKE ACCESSORIES

NOTES

....
....
....
....
....

Bicycle Log Journal

Date __ / __ / 20__   SU MO TU WE TH FR SA

START TIME	END TIME	DISTANCE	WEATHER

BIKE TYPE	MAX SPEED	AVG. SPEED	INTENSITY

ROUTE
....
....

TYPE OF RIDE
☐ LIGHT   ☐ MODERATE
☐ STRENOUS

BIKE ACCESSORIES

NOTES
....
....
....
....

Bicycle Log Journal

Date __ / __ / 20__   SU MO TU WE TH FR SA

START TIME	END TIME	DISTANCE	WEATHER

BIKE TYPE	MAX SPEED	AVG. SPEED	INTENSITY

ROUTE

....
....

TYPE OF RIDE

☐ LIGHT   ☐ MODERATE
☐ STRENOUS

BIKE ACCESSORIES

NOTES

....
....
....
....
....

Bicycle Log Journal

Date __ / __ / 20__   SU MO TU WE TH FR SA

START TIME	END TIME	DISTANCE	WEATHER

BIKE TYPE	MAX SPEED	AVG. SPEED	INTENSITY

ROUTE

....
....

TYPE OF RIDE

☐ LIGHT ☐ MODERATE
☐ STRENOUS

BIKE ACCESSORIES

NOTES

....
....
....
....
....

Bicycle Log Journal

Date __ / __ / 20__   SU MO TU WE TH FR SA

START TIME	END TIME	DISTANCE	WEATHER

BIKE TYPE	MAX SPEED	AVG. SPEED	INTENSITY

ROUTE
....
....

TYPE OF RIDE
☐ LIGHT ☐ MODERATE
☐ STRENOUS

BIKE ACCESSORIES

NOTES
....
....
....
....
....

Bicycle Log Journal

Date __ / __ / 20__   SU MO TU WE TH FR SA

START TIME	END TIME	DISTANCE	WEATHER

BIKE TYPE	MAX SPEED	AVG. SPEED	INTENSITY

ROUTE

TYPE OF RIDE
☐ LIGHT ☐ MODERATE ☐ STRENOUS

BIKE ACCESSORIES

NOTES

Bicycle Log Journal

Date __ / __ / 20__   SU MO TU WE TH FR SA

START TIME	END TIME	DISTANCE	WEATHER

BIKE TYPE	MAX SPEED	AVG. SPEED	INTENSITY

ROUTE

TYPE OF RIDE
☐ LIGHT   ☐ MODERATE
☐ STRENOUS

BIKE ACCESSORIES

NOTES

Bicycle Log Journal

Date __ / __ / 20__   SU MO TU WE TH FR SA

START TIME	END TIME	DISTANCE	WEATHER

BIKE TYPE	MAX SPEED	AVG. SPEED	INTENSITY

ROUTE

....
....

TYPE OF RIDE

☐ LIGHT   ☐ MODERATE
☐ STRENOUS

BIKE ACCESSORIES

NOTES

....
....
....
....
....

Bicycle Log Journal

Date __ / __ / 20__   SU MO TU WE TH FR SA

START TIME	END TIME	DISTANCE	WEATHER

BIKE TYPE	MAX SPEED	AVG. SPEED	INTENSITY

ROUTE

....
....

TYPE OF RIDE

☐ LIGHT   ☐ MODERATE
☐ STRENOUS

BIKE ACCESSORIES

NOTES

....
....
....
....
....

Bicycle Log Journal

Date __ / __ / 20__   SU MO TU WE TH FR SA

START TIME	END TIME	DISTANCE	WEATHER

BIKE TYPE	MAX SPEED	AVG. SPEED	INTENSITY

ROUTE

TYPE OF RIDE
- ☐ LIGHT ☐ MODERATE
- ☐ STRENOUS

BIKE ACCESSORIES

NOTES

Bicycle Log Journal

Date __ / __ / 20__   SU MO TU WE TH FR SA

START TIME	END TIME	DISTANCE	WEATHER

BIKE TYPE	MAX SPEED	AVG. SPEED	INTENSITY

ROUTE

....
....

TYPE OF RIDE

☐ LIGHT   ☐ MODERATE
    ☐ STRENOUS

BIKE ACCESSORIES

NOTES

....
....
....
....
....

Bicycle Log Journal

Date __ / __ / 20__   SU MO TU WE TH FR SA

START TIME	END TIME	DISTANCE	WEATHER

BIKE TYPE	MAX SPEED	AVG. SPEED	INTENSITY

ROUTE

TYPE OF RIDE
- ☐ LIGHT
- ☐ MODERATE
- ☐ STRENOUS

BIKE ACCESSORIES

NOTES

Bicycle Log Journal

Date __ / __ / 20__   SU MO TU WE TH FR SA

START TIME	END TIME	DISTANCE	WEATHER

BIKE TYPE	MAX SPEED	AVG. SPEED	INTENSITY

ROUTE

....
....

TYPE OF RIDE
- ☐ LIGHT   ☐ MODERATE
- ☐ STRENOUS

BIKE ACCESSORIES

NOTES

....
....
....
....
....

Bicycle Log Journal

Date __ / __ / 20__   SU MO TU WE TH FR SA

START TIME	END TIME	DISTANCE	WEATHER

BIKE TYPE	MAX SPEED	AVG. SPEED	INTENSITY

ROUTE

TYPE OF RIDE
- ☐ LIGHT
- ☐ MODERATE
- ☐ STRENOUS

BIKE ACCESSORIES

NOTES

Bicycle Log Journal

Date __ / __ / 20__   SU MO TU WE TH FR SA

START TIME	END TIME	DISTANCE	WEATHER

BIKE TYPE	MAX SPEED	AVG. SPEED	INTENSITY

ROUTE

....
....

TYPE OF RIDE

☐ LIGHT ☐ MODERATE
☐ STRENOUS

BIKE ACCESSORIES

NOTES

....
....
....
....
....

Bicycle Log Journal

Date __ / __ / 20__   SU MO TU WE TH FR SA

START TIME	END TIME	DISTANCE	WEATHER

BIKE TYPE	MAX SPEED	AVG. SPEED	INTENSITY

ROUTE

....
....

TYPE OF RIDE
- ☐ LIGHT
- ☐ MODERATE
- ☐ STRENOUS

BIKE ACCESSORIES

NOTES

....
....
....
....
....

Bicycle Log Journal

Date __ / __ / 20__   SU MO TU WE TH FR SA

START TIME	END TIME	DISTANCE	WEATHER

BIKE TYPE	MAX SPEED	AVG. SPEED	INTENSITY

ROUTE

TYPE OF RIDE
- ☐ LIGHT
- ☐ MODERATE
- ☐ STRENOUS

BIKE ACCESSORIES

NOTES

Bicycle Log Journal

Date __ / __ / 20__   SU MO TU WE TH FR SA

START TIME	END TIME	DISTANCE	WEATHER

BIKE TYPE	MAX SPEED	AVG. SPEED	INTENSITY

ROUTE

TYPE OF RIDE
- ☐ LIGHT
- ☐ MODERATE
- ☐ STRENOUS

BIKE ACCESSORIES

NOTES

Bicycle Log Journal

Date __ / __ / 20__   SU MO TU WE TH FR SA

START TIME	END TIME	DISTANCE	WEATHER

BIKE TYPE	MAX SPEED	AVG. SPEED	INTENSITY

ROUTE

....
....

TYPE OF RIDE

☐ LIGHT   ☐ MODERATE
☐ STRENOUS

BIKE ACCESSORIES

NOTES

....
....
....
....
....

Bicycle Log Journal

Date __ / __ / 20__   SU MO TU WE TH FR SA

START TIME	END TIME	DISTANCE	WEATHER

BIKE TYPE	MAX SPEED	AVG. SPEED	INTENSITY

ROUTE

....
....

TYPE OF RIDE
☐ LIGHT   ☐ MODERATE
☐ STRENOUS

BIKE ACCESSORIES

NOTES

....
....
....
....
....

Bicycle Log Journal

Date __ / __ / 20__   SU MO TU WE TH FR SA

START TIME	END TIME	DISTANCE	WEATHER

BIKE TYPE	MAX SPEED	AVG. SPEED	INTENSITY

ROUTE

....
....

TYPE OF RIDE

- ☐ LIGHT
- ☐ MODERATE
- ☐ STRENUOUS

BIKE ACCESSORIES

NOTES

....
....
....
....
....

Bicycle Log Journal

Date __ / __ / 20__   SU MO TU WE TH FR SA

START TIME	END TIME	DISTANCE	WEATHER

BIKE TYPE	MAX SPEED	AVG. SPEED	INTENSITY

ROUTE

....
....

TYPE OF RIDE

- ☐ LIGHT
- ☐ MODERATE
- ☐ STRENUOUS

BIKE ACCESSORIES

NOTES

....
....
....
....
....

Bicycle Log Journal

Date __ / __ / 20__   SU MO TU WE TH FR SA

START TIME	END TIME	DISTANCE	WEATHER

BIKE TYPE	MAX SPEED	AVG. SPEED	INTENSITY

ROUTE

....
....

TYPE OF RIDE

- ☐ LIGHT
- ☐ MODERATE
- ☐ STRENOUS

BIKE ACCESSORIES

NOTES

....
....
....
....
....

Bicycle Log Journal

Date __ / __ / 20__   SU MO TU WE TH FR SA

START TIME	END TIME	DISTANCE	WEATHER

BIKE TYPE	MAX SPEED	AVG. SPEED	INTENSITY

ROUTE

....
....

TYPE OF RIDE

- ☐ LIGHT
- ☐ MODERATE
- ☐ STRENOUS

BIKE ACCESSORIES

NOTES

....
....
....
....
....

Bicycle Log Journal

Date __ / __ / 20__   SU MO TU WE TH FR SA

START TIME	END TIME	DISTANCE	WEATHER

BIKE TYPE	MAX SPEED	AVG. SPEED	INTENSITY

ROUTE
....
....

TYPE OF RIDE
☐ LIGHT   ☐ MODERATE
☐ STRENOUS

BIKE ACCESSORIES

NOTES
....
....
....
....
....

Bicycle Log Journal

Date __ / __ / 20__   SU MO TU WE TH FR SA

START TIME	END TIME	DISTANCE	WEATHER

BIKE TYPE	MAX SPEED	AVG. SPEED	INTENSITY

ROUTE

....
....

TYPE OF RIDE

- ☐ LIGHT
- ☐ MODERATE
- ☐ STRENOUS

BIKE ACCESSORIES

NOTES

....
....
....
....
....

Bicycle Log Journal

Date __ / __ / 20__   SU MO TU WE TH FR SA

START TIME	END TIME	DISTANCE	WEATHER

BIKE TYPE	MAX SPEED	AVG. SPEED	INTENSITY

ROUTE

TYPE OF RIDE
- ☐ LIGHT
- ☐ MODERATE
- ☐ STRENOUS

BIKE ACCESSORIES

NOTES

Bicycle Log Journal

Date __ / __ / 20__   SU MO TU WE TH FR SA

START TIME	END TIME	DISTANCE	WEATHER

BIKE TYPE	MAX SPEED	AVG. SPEED	INTENSITY

ROUTE

....
....

TYPE OF RIDE

- ☐ LIGHT
- ☐ MODERATE
- ☐ STRENOUS

BIKE ACCESSORIES

NOTES

....
....
....
....
....

Bicycle Log Journal

Date __ / __ / 20__   SU MO TU WE TH FR SA

START TIME	END TIME	DISTANCE	WEATHER

BIKE TYPE	MAX SPEED	AVG. SPEED	INTENSITY

ROUTE

....
....

TYPE OF RIDE
- ☐ LIGHT   ☐ MODERATE
- ☐ STRENOUS

BIKE ACCESSORIES

NOTES

....
....
....
....
....

Bicycle Log Journal

Date __ / __ / 20__   SU MO TU WE TH FR SA

START TIME	END TIME	DISTANCE	WEATHER

BIKE TYPE	MAX SPEED	AVG. SPEED	INTENSITY

ROUTE

....
....

TYPE OF RIDE
- ☐ LIGHT
- ☐ MODERATE
- ☐ STRENOUS

BIKE ACCESSORIES

NOTES

....
....
....
....

www.ingramcontent.com/pod-product-compliance
Lightning Source LLC
LaVergne TN
LVHW011957070526
838202LV00054B/4946